BEI GRIN MACHT SICH I
WISSEN BEZAHLT

- Wir veröffentlichen Ihre Hausarbeit,
  Bachelor- und Masterarbeit

- Ihr eigenes eBook und Buch -
  weltweit in allen wichtigen Shops

- Verdienen Sie an jedem Verkauf

Jetzt bei www.GRIN.com hochladen
und kostenlos publizieren

Bibliografische Information der Deutschen Nationalbibliothek:

Die Deutsche Bibliothek verzeichnet diese Publikation in der Deutschen National-
bibliografie; detaillierte bibliografische Daten sind im Internet über http://dnb.d-
nb.de/ abrufbar.

Impressum:

Copyright © 2016 GRIN Verlag
Druck und Bindung: Books on Demand GmbH, Norderstedt Germany
ISBN: 9783668861022

Dieses Buch bei GRIN:

https://www.grin.com/document/448436

Lukas Borne

München 1972. Das Olympia Attentat und seine politischen Folgen für die Beziehung Beziehung zwischen der Bundesrepublik Deutschland und dem Staat Israel

GRIN Verlag

Inhalt

1. Der 13. November 2015 in Paris

Paris, Stade de France – Es ist der 13. November 2015, ein Freundschaftsspiel zwischen der deutschen Nationalmannschaft und der „Équipe Tricolore" läuft bereits seit 16 Minuten, als man den Ausruf „Allahu Akbar" hören kann. Wenige Sekunden später kommt es zu einem lauten Knall.[1] Schon Stunden vor Anpfiff des Spiels gab es eine Bombendrohung im Hotel der DFB-Elf. Die französische Polizei stellte fest, dass es keinen Grund zur Panik gebe, denn solche Bombendrohungen würden sich in den seltensten Fällen bewahrheiten.[2] Keiner konnte ahnen, dass dieser Tag als einer der Schlimmsten in die französische Geschichte eingehen würde. Als es knapp drei Minuten später zu einer zweiten Explosion außerhalb des Stadions kam, waren unter den rund 80.000 Zuschauern im Stadion „viele Menschen, die sich [ein] bisschen ängstlich umschau[t]en".[3] Die Fußballbegeisterten wussten zu diesem Zeitpunkt noch nichts von den weiteren Anschlagsorten, wie dem Bataclan-Theater oder den zahlreichen Cafés.

Gerade durch solch einen Anschlag bekommt Sport politische Bedeutung und wird daher auch immer häufiger als politisches Druckmittel benutzt. Im Gegensatz zu seinem Ursprungsgedanken, der Völkerverständigung und dem Zusammenhalt der Gesellschaft, ist der Sport der Neuzeit nunmehr auch als ein Teil der Politik zu sehen.

Sport steht an sich schon immer für Lebensfreude, Unbeschwertheit und vor allem für Frieden. Es konnten noch so große Kriege und politische Konflikte herrschen, beim Sport war jeder gleich. Das beste Beispiel hierfür ist das Fußballspiel zwischen deutschen und britischen Soldaten im Ersten Weltkrieg während des Weihnachtsfriedens 1914. Doch mit zunehmender Reichweite des Sports stieg auch die potentielle Aufmerksamkeit für Attentäter. Egal, ob es die explodierte Bombe am 27. Juli 1996 im Centennial Olympic Park von Atlanta, der beschossene Mannschaftsbus der togoischen Fußall-Nationalmannschaft in Angola im Januar 2010 oder einer der Rucksack-Sprengsätze vom Boston Marathon im Jahr 2013 war, der Terror wird immer mehr zu einem Bestandteil großer Sportveranstaltungen.

Insbesondere die Olympischen Spiele wurden schon früh als Plattform für ideologische Angelegenheiten genutzt: Von den Propaganda-Spielen 1936 in Berlin über die „Black Power" Demonstration 1968 in Mexico City, bis hin zur Geiselnahme israelischer Olympia-Teilnehmer am 5. September 1972. An diesem Tag nutzte die Terrorgruppe „Schwarzer September" während der „heiteren Spiele" in München die große Bühne Olympischer Spiele und der Terror hielt Einzug in die Welt des Sports. Dass diese Vorkommnisse die politischen Beziehungen betroffener Staaten strapazieren würden, war garantiert.

---

[1] siehe: https://www.youtube.com/watch?v=zyWBn-hMbV8 – Aufgerufen am: 29.08.2016.
[2] Sport-Informations-Dienst: *Bombendrohung gegen Hotel der DFB-Elf in Paris*, in http://www.spiegel.de/sport/fussball/deutsche-nationalmannschaft-bombendrohung-vor-testspiel-in-paris-a-1062664.html, 2015 - Aufgerufen am: 02.09.1016.
[3] siehe: https://www.youtube.com/watch?v=zyWBn-hMbV8 – Aufgerufen am: 29.08.2016.

Nachdem der Ablauf der Geiselnahme vom 5. September 1972 kurz aufgearbeitet wird, wird im Folgenden hauptsächlich aufgezeigt, welche Auswirkungen dieses Attentat auf die Beziehung zwischen der Bundesrepublik Deutschland und dem Staat Israel hatte. Zudem wird auf die, aus dem Ereignis resultierende, Innen- und Sicherheitspolitik Deutschlands eingegangen.

2. München 1972 – Die politischen Folgen des Olympia-Attentats

2.1 Der Ablauf des Attentats

Das Olympische Dorf der Sommerspiele in München befand sich an dem Ort, der im 19. Jahrhundert als militärischer Exerzierplatz und Münchens erster Flughafen genutzt wurde. Es bestand aus der Connollystraße, der Nadistraße, der Staßbergerstraße und dem Helene-Mayer-Ring.[4,5]

Es war der 5. September 1972 gegen 4:00 Uhr morgens in der Connollystraße. Drei Postboten, die auf dem Weg zur Arbeit waren, beobachteten mehrere Männer als diese in Trainingsanzügen über den unbewachten Zaun bei Tor 25A kletterten. Diese Männer wurden für spät zurückkehrende Sportler gehalten.[6] Knapp 30 Minuten später stürmten acht Mitglieder der palästinensischen Terrorgruppe „Schwarzer September" mit Maschinenpistolen das Gebäude Connollystraße 31. Es war das Hauptquartier der israelischen Olympiamannschaft.

Zwei israelische Sportler konnten fliehen, zwei weitere, darunter Trainer Moshe Weinberg, wurden erschossen. Er hatte zuvor die Terroristen in Apartment drei gewiesen, weil man ihn offenbar dazu gezwungen hatte, den Aufenthaltsort weiterer Sportler zu verraten. In jenem Apartment waren „die starken Athleten, die Gewichtheber und Ringer", erzählt Shaul Ladany[7], einer der überlebenden Sportler aus Apartment zwei, welches die Terroristen um Anführer Issa nicht ins Visier nahmen. Dort waren die kleineren und schwächeren Athleten, nämlich Fechter, Schützen und Läufer, untergebracht. „Weinberg dachte, die Starken [aus Apartment drei] könnten sich besser wehren".[8] Sie konnten es nicht. Es gelang den Terroristen „neun israelische Sportler in ihre Gewalt zu bringen". Sie forderten die Freilassung von über 200 in Israel inhaftierten Palästinensern sowie von zwei deutschen RAF-Terroristen.[9] Nachdem die deutsche Polizei den Forderungen nachkommen wollte, verhinderte

---

[4] vgl. Palme, Luis/ Saur, Karl-Otto (Hrsg.): *5.9.1972 Das Olympia-Attentat von München*. Tage, die die Welt veränderten. Weltbild, Augsburg 2005, S.11.
[5] Die Straßen wurden nach bedeutenden Olympiateilnehmern benannt: James Connolly (Dreispringer), Nedo Nadi (Säbel-und Florettfechter), Josef Straßberger (Gewichtheber) und Helene Mayer (bedeutendste Fechterin aller Zeiten)
[6] vgl. Palme, Luis/ Saur, Karl-Otto (Hrsg.): *5.9.1972 Das Olympia-Attentat von München*. Tage, die die Welt veränderten. Weltbild, Augsburg 2005, S.9.
[7] *1936 in Belgrad – Ebenfalls Überlebender des Holocaust.
[8] Guyton, Patrick: *Es macht einsam ein Überlebender zu sein*, in: http://www.zeit.de/sport/2012-09/muenchen72-geiselnahme-ueberlebender-hershkovitz/komplettansicht, 2012. - Aufgerufen am: 17.10.2016.
[9] siehe: Anhang Nr. 1.

schließlich die strikte Ablehnung des israelischen Staates eine Freilassung. Polizeipräsident Manfred Schreiber entwickelte mit dem Team des Einsatzleiters Bruno Merk eine Strategie für eine Befreiungsaktion. Allerdings übertrugen Medien aus aller Welt die Geschehnisse live im TV, sodass die Mitglieder des „Schwarzen Septembers" alle Aktionen der deutschen Behörden im Fernsehen mitverfolgen konnten. Daraufhin wollten die Terroristen mit den Geiseln in eine arabische Hauptstadt ausfliegen.

Sie verließen das Olympische Dorf mitsamt der Geiseln und flogen mit zwei Helikoptern zum Militärflughafen Fürstenfeldbruck, an dem die deutsche Polizei eine Lufthansa-Maschine, mit als Flugzeug-Personal verkleideten Polizisten, bereitstellte. Dies war die letzte Chance für eine Überwältigung der Terroristen. Die zwölf verkleideten Polizisten beschlossen jedoch aus Angst, die Aktion abzubrechen und verließen das Flugzeug. Die Ereignisse eskalierten als Issa, der Anführer der Geiselnehmer, und sein Bruder Tony anhand des leeren Flugzeuges bemerkten, dass ihnen eine Falle gestellt wurde. Es folgten Stunden des Schusswechsels. Fünf Streifen-Polizisten sollten als Scharfschützen am Flughafen einsatzbereit sein. Trotz der langen Vorbereitungszeit wurden die, nicht für solche Situationen ausgebildeten, Polizisten mit ungeeigneten Waffen ausgerüstet.[10]

Letztendlich wurden fünf der acht Terroristen, alle neun Geiseln sowie ein Polizist getötet. Die übrigen drei Geiselnehmer konnten festgenommen werden. Doch die Dauer ihres Gefängnisaufenthalts hielt sich in Grenzen, da sie wenige Wochen später durch die Entführung der Passagiermaschine „Kiel" der Lufthansa freigepresst wurden.

2.2 Die unmittelbare Reaktion des Staates

Nur knapp zehn Minuten nach dem Eindringen der Terroristen in das Gebäude Connollystraße 31, in dem neben 21 Mitgliedern der israelischen Delegation noch Teile der Teams aus Uruguay und Hongkong untergebracht waren[11], kam ein verängstigter Mann in Richtung des bahamischen Hauptquartiers gelaufen. Von dort aus verständigte ein wehrdienstpflichtiger Mannschaftsfahrer die Polizei. Weitere zehn Minuten später wurden alle verfügbaren Münchner Funkstreifen zum Olympischen Dorf geschickt. Polizeipräsident Manfred Schreiber wurde informiert, während sein Vize Georg Wolf nicht zu erreichen war. Eine Kriminalobermeisterin, die als eine der ersten Einsatzkräfte im Olympischen Dorf eingetroffen war und sich als Einzige dem Gebäude nähern durfte, war die alleinige Bezugsperson zu Anführer Issa. Er übergab ihr vier beschriebene Seiten, auf denen er forderte, bis 9:00 Uhr etwa 200 in Israel gefangen gehaltene Palästinenser und zwei deutsche Terroristen, die vor Ort inhaftiert

---

[10] siehe: https://www.youtube.com/watch?v=Q25DkvhSoEs – Ab: 35:30 Min. – Aufgerufen am: 29.08.2016.
[11] vgl. Palme, Luis/ Saur, Karl-Otto (Hrsg.): *5.9.1972 Das Olympia-Attentat von München. Tage, die die Welt veränderten.* Weltbild, Augsburg 2005, S.9.

waren, freizulassen. Zudem sollte ein voll aufgetanktes Flugzeug für einen Flug in eine arabische Hauptstadt zur Verfügung gestellt werden. Die spätere Verlängerung der Frist bis 12:00 Uhr war von den Geiselnehmern von Anfang an geplant, denn in einer zweiten Fassung ihrer Forderungen war anstatt 9:00 Uhr 12:00 Uhr angegeben. Der einberufene Krisenstab, unter anderem mit Willy Daume, dem Präsidenten des Nationalen Olympischen Komitees, und Avery Brundage, dem Präsidenten des Internationalen Olympischen Komitees, informierte Willy Brand. Knapp vier Stunden nach der Geiselnahme traf auch der Polizeivizepräsident Georg Wolf, der als Chef der Münchner Schutzpolizei fungierte, im Olympischen Dorf ein. Nachdem Manfred Schreiber zusammen mit Einsatzleiter Merk und Walther Tröger, dem Bürgermeister des Olympischen Dorfes, zum ersten Mal mit Issa reden durfte, versuchte A. D. Touny, ein ägyptisches IOC-Mitglied, vergeblich die gesetzte Frist bis 17:00 Uhr zu verlängern.

Im Laufe des Tages kam es immer wieder zu Gerüchten, dass eine Befreiungsaktion der israelischen Spezialeinheit „Sayeret Matkal" bevorstehen würde. Willy Brandt und Außenminister Hans-Dietrich Genscher lehnten dieses Angebot angeblich ab. Einsatzleiter Bruno Merk, Genscher und Schreiber bestritten wiederrum, dass es solch ein Angebot der israelischen Regierung jemals gegeben habe. Auch hier wird die nicht souveräne Reaktion des Staates, die auch später noch von großer Bedeutung sein wird, klar: Die Verantwortlichen widersprachen sich in ihren Äußerungen zu den Gerüchten und Vorgängen. Weder die außenstehenden Beobachter, noch die eigenen Sicherheitskräfte wussten, was vor sich ging.

Nach Bekanntwerden der tatsächlichen Geiselanzahl gelang es Walther Tröger und dem ägyptischen IOC-Mitglied Touny das Ultimatum um eine Stunde zu verlängern. Nun wurde geprüft, wie man die israelischen Geiseln befreien könnte. Hierfür zog man jede mögliche Lösung in Betracht. Zwei als Köche verkleidete Beamte kamen der Forderung, Essen für 20 Personen zu besorgen, nach, um Einblick in die Situation zu gewinnen. Nachdem die Frist kurzzeitig bis 15:00 Uhr verlängert wurde, konnte Schreiber nach langer Diskussion das Ultimatum sogar bis 17:00 Uhr ausdehnen. Kurz vor Ablauf dieser Frist bereiteten sich alle auf einen Sturm des Gebäudes vor. Der Sturmtrupp wurde mit schusssicheren Westen der US-Militärpolizei ausgestattet und mehrere Krankenwagen standen zur Abfahrt bereit.[12] Keine zehn Minuten später war es Vizepräsident Wolf, der, nach der weltweiten Liveübertragung der Sturmvorbereitung im TV, den Befehl gab, die Aktion abzubrechen.

Alle Geiseln erklärten sich bereit, mit den Geiselnehmern in ein arabisches Land zu fliegen. Genscher und Tröger wurde Zugang zum Gebäude gewährt; sie konnten neun Geiseln, einen Toten und vier Terroristen sehen, was sich später als falsch erwies. Zudem wurde die Frist bis 19:00 Uhr verlängert. Die Einsatzleitung witterte die Chance, einen Zugriff am Flughafen durchführen zu können. Den Terroristen wurde ein

---

[12] Kellerhof, Sven Felix: München 1972 – *Das Protokoll einer Katastrophe*, in: http://www.welt.de/politik/deutschland/article108480206/Muenchen-1972-das-Protokoll-einer-Katastrophe.html, 2012 – Aufgerufen am: 19.08.16.

geeigneter Bus zur Verfügung gestellt, der sie zu Helikoptern bringen sollte, mit denen sie dann zum Flughafen Fürstenfeldbruck gelangten.

Als die Terroristen samt Geiseln in den Bus stiegen, erkannte man, dass es sich um acht Geiselnehmer und neun Geiseln handelte. Doch unerklärlicherweise dachte niemand im Olympischen Dorf daran, diese Informationen nach Fürstenfeldbruck weiterzugeben. Währenddessen liefen die Vorbereitungen für eine Befreiungsaktion am Flughafen Fürstenfeldbruck auf Hochtouren. Zwölf Zivilpolizisten bestiegen die Boeing 727 am Militärflughafen. Vier von ihnen trugen Uniformen der Lufthansa und die weiteren acht verkleideten sich als Mechaniker. Der Plan war gut, jedoch bekamen die Beamten, wie bereits erwähnt, kalte Füße und stimmten eigenmächtig ab, die Aktion abzubrechen.

Als die Terroristen am Flughafen ankamen und wegen des leeren Flugzeuges feststellten, dass ihnen eine Falle gestellt wurde, blieb der Polizei nur noch die Möglichkeit, möglichst viele der Geiselnehmer auszuschalten. Wolf ging immer noch davon aus, dass es sich um nur fünf Terroristen handle. Nach einem Feuergefecht zwischen Terroristen und Polizei wurde an das Innenministerium weitergegeben, dass alle Terroristen verletzt oder getötet worden seien. In Wirklichkeit wurden aber nur drei der Terroristen getötet. So begann der Schusswechsel erneut. Währenddessen gratulierte IOC-Präsident Avery Brundage Regierungssprecher Conrad Ahlers zur erfolgreichen Befreiung aller Geiseln. Ahlers bestätigte die Befreiung in mehreren Interviews. Weltweit wurde die geglückte Befreiungsaktion als Tatsache auf die Titelseiten großer Zeitungen, die unmittelbar vor Redaktionsschluss standen, gedruckt. Bis 1:32 Uhr fielen jedoch noch immer Schüsse[13]. Einer der grausamsten Tage der deutschen Geschichte seit Ende des Zweiten Weltkriegs endete. Der Sprecher des Organisationskomitees Hans Klein bestätigte am Morgen des 6. Septembers 1972 die schreckliche Bilanz der Geiselbefreiung von Fürstenfeldbruck: Alle neun Geiseln wurden getötet. Acht starben durch Kugeln aus den Gewehren der Terroristen, eine starb beim Brand einer durch Handgranaten ausgelösten Explosion des Hubschraubers. Ein deutscher Polizist ließ bei der Befreiungsaktion sein Leben und fünf der acht Terroristen wurden erschossen, die anderen konnten überwältigt und verhaftet werden.[14]

Ein Ergebnis völlig überforderter Sicherheitskräfte, eines unausgereiften Sicherheitskonzepts und mangelnder Absprache, was auch durch Folgendes untermauert wird: Die deutsche Bundeswehr, die im Gegensatz zur Polizei über - für solche Situationen ausgebildete - Scharfschützen verfügte, durfte nach den damals geltenden Regelungen des Grundgesetzes für Krisen im Inneren nicht eingesetzt werden. Dieselbe Ausbildung genossen auch, bereits einsatzbereite, Streitkräfte des Bundesgrenzschutzes. Während die Verantwortlichen sekündlich auf eine

---

[13] vgl. Kellerhof, Sven Felix: *Das Protokoll einer Katastrophe*, in: http://www.welt.de/politik/deutschland/article108480206/Muenchen-1972-das-Protokoll-einer-Katastrophe.html, 2012 - Stand: 19.04.16 – Aufgerufen am 27.08.2016.

[14] vgl. Palme, Luis/ Saur, Karl-Otto (Hrsg.): *5.9.1972 Das Olympia-Attentat von München. Tage, die die Welt veränderten.* Weltbild, Augsburg 2005, S. 37.

Alarmierung warteten, war sich Polizeipräsident Manfred Schreiber bereits zu „99 Prozent sicher, dass [...][das Einsatzteam seine] Ziele in Fürstenfeldbruck nicht erreichen würde".[15] Dennoch erfolgte keine Anforderung des Bundesgrenzschutzes durch den Freistaat Bayern.

In den darauffolgenden Wochen und Monaten wurde, unter anderem wegen dieses sonderbaren Szenarios, weitgehend ermittelt. Laut der Zeitschrift „Spiegel"[16] versuchten die Behörden ihr Versagen zu vertuschen. Der Bevölkerung wurde die Tatsache vorenthalten, dass die Münchner Staatsanwaltschaft gegen Manfred Schreiber und den Einsatzleiter Bruno Merk wegen des Verdachts fahrlässiger Tötung ermittelte. Besondere Beachtung sollte dabei finden, dass bereits vor den Olympischen Spielen 1972 schon einmal gegen Schreiber aufgrund einer gescheiterten Geiselnahme ermittelt wurde.[17]

Auch die 26 vollständig ausgearbeiteten, jedoch bis heute verschollenen Pläne für einen Krisenfall wurden auch auf Anfrage des Bayerischen Landesamtes für Verfassungsschutz nicht herausgegeben, sondern verleugnet. Am interessantesten ist dabei, dass es im Vorfeld mehrere Androhungen und auch Ankündigungen für einen Terroranschlag während der Olympischen Spiele gab. Diese wurden aber auch nach ausdrücklicher Empfehlung des Außenministeriums, „alle im Rahmen des Möglichen liegenden Sicherheitsmaßnahmen zu ergreifen", von den Behörden nicht ausreichend ernst genommen.[18]

Zwei Tage nach dem Blutbad von Fürstenfeldbruck wurde polizeiintern der Befehl erteilt, gegenseitige Beschuldigungen sowie Selbstkritik zu vermeiden. Doch es war nicht nur die Polizei, die bezogen auf das Attentat falsch reagierte. Auch die Medien trugen einen beachtlichen Teil dazu bei, dass eine Befreiung der Geiseln schier unmöglich war.

2.3 Die Rolle der Medien

Kurz nach dem Eindringen der Terroristen ging bei den drei DDR-Sportjournalisten, Wolfgang Gitter, Martin Kramer und Dieter Wales, ein Anruf aus der Connollystraße 24, dem DDR-Mannschaftsquartier, ein. Dieser setzte sie darüber in Kenntnis, dass „bewaffnete Kräfte nachts in das Olympische Dorf eingedrungen [seien] und das Haus der israelischen Mannschaft besetzt haben [...] und es [...] [auch] Tote gegeben haben [soll]".[19] Als die Journalisten dort 30 Minuten später eintrafen,

---

[15] Palme, Luis/ Saur, Karl-Otto (Hrsg.): *5.9.1972 Das Olympia-Attentat von München*. Tage, die die Welt veränderten. Weltbild, Augsburg 2005, S. 26.

[16] Bohr, Felix/ Frohn, Axel: Spiegel, Heft 30/2012 – *Geheimakte Olympia* – „Wie der Staat sein Versagen vertuschte", S.37.

[17] siehe: https://www.youtube.com/watch?v=Q25DkvhSoEs – Ab: 34:00 Min – Aufgerufen am: 29.08.2016.

[18] Bohr, Felix/ Frohn, Axel: Spiegel, Heft 30/2012 – *Geheimakte Olympia* – „Wie der Staat sein Versagen vertuschte", S.37.

[19] Kellerhof, Sven Felix: München 1972 – *Das Protokoll einer Katastrophe*, in: http://www.welt.de/politik/deutschland/article108480206/Muenchen-1972-das-Protokoll-einer-Katastrophe.html, 2012 – Aufgerufen am: 19.08.16.

erwartete sie, entgegen ihrer Befürchtungen, eine ruhige Atmosphäre. „Problemlos gelang[t]en die DDR-Sportjournalisten Dieter Wales und Wolfgang Gitter in die unmittelbare Nähe des besetzten Hauses". Ein Polizist sagte ihnen, dass sie durchaus in den gefährdeten Bereich zu ihrer Mannschaft gehen könnten.[20]

Während Polizeivizepräsident Wolf gegen Mitternacht noch dachte, dass es sich um fünf Entführer handle, fiel dem Journalisten Wales bereits mehr als 14 Stunden früher auf, dass der Zugang des Gebäudes Connollystraße 31 bewacht wurde und somit mindestens sieben Geiselnehmer in die Aktion involviert sein mussten.

Auf eine Nachfrage des Bayerischen Rundfunks wurde eine allgemeine Nachrichtensperre erteilt. Mehrere Polizisten waren im Einsatz, um große Fernsehsender daran zu hindern, Live-Aufnahmen vom Olympischen Dorf zu zeigen. Mittlerweile richteten aber zu viele Fernsehteams ihre Kameras auf die Connollystraße 31. Auch weil der amerikanische Sender ABC ein „Superteleobjektiv vom 291 Meter hohen Olympiaturm auf das Dach des besetzten Hauses gerichtet"[21] hatte, war es unmöglich, die Nachrichtensperre durchzusetzen. Reporter aus aller Welt berichteten live aus dem Olympischen Dorf. Jeder wollte der Erste sein, der eine Sensationsmeldung aufs Blatt bringen konnte.

Auch bei der Süddeutschen Zeitung war es ähnlich: Noch bis Mittag musste eine Sonderausgabe erschienen sein. So lautete der Befehl aus der Chefredaktion. Karl-Otto Saur[22] erinnert sich, wie er „mit dem Polizeireporter zum Tatort geschickt" wurde und auf „Hunderte von Kollegen, Fotografen und Fernsehreporter [...] vor dem Zaun, der das olympische Gelände umschloss" traf.[23] Er erzählt weiter, wie er nach stundenlangem Starren auf den Balkon des Gebäudes und dem Zurückkehren in die Redaktion hörte, dass die Terroristen mit ihren Geiseln ausgeflogen werden sollten. Wo die Maschine starten würde, wusste jedoch niemand.

In München gab es vier Flughäfen: Den Verkehrsflughafen Riem, einen kleinen in Neubiberg, einen Landeplatz auf der Flugwerft in Schleißheim und den Fliegerhorst Fürstenfeldbruck. Letzterer „erschien einem Fachkollegen aus technischen Gründen als zu unwahrscheinlich. So wurde je ein Kollege nach Riem, Neubiberg und Schleißheim geschickt".[24] Aus diesem Grund waren nur wenige Journalisten in Fürstenfeldbruck anwesend und selbst diese bekamen, wegen der weitläufigen Abriegelung des Geländes, „nur bruchstückhaft mit, was passierte. Dann [kam] endlich die erlösende Nachricht: Die Befreiungsaktion sei gelungen".[25] Zuhause angekommen hörte Saur eine Stunde nach Mitternacht die Nachricht: „Alle Geiseln sind befreit".[26]

---

[20] a.a.O.
[21] a.a.O.
[22] Lokal-Reporter der Süddeutschen Zeitung von 1972-1989.
[23] Palme, Luis/ Saur, Karl-Otto (Hrsg.): *5.9.1972 Das Olympia-Attentat von München. Tage, die die Welt veränderten.* Weltbild, Augsburg 2005, S. 30 f.
[24] a.a.O.
[25] a.a.O.
[26] a.a.O.

Als am nächsten Morgen jedoch die erste Nachricht war, dass alle Geiseln tot seien, wurde ihm klar, dass nicht nur die Medien während dieser Katastrophe versagt hatten.

2.4 Die langfristigen Folgen und Lehren

2.4.1 Folgen für darauffolgende sportliche Großereignisse

Knapp zwei Jahre nach dem Münchner Massaker fand in der Bundesrepublik Deutschland das nächste sportliche Großereignis statt. Es war die Fußball-Weltmeisterschaft 1974 – mit Final-Spielstätte in München. Mit dem Olympia-Attentat-Gedanken im Hinterkopf war die Aufregung vor dem Ereignis dementsprechend groß. Ein weiteres Intermezzo wäre für Deutschland ein Debakel gewesen. Alle Augen waren auf die Sicherheitspolitik der Deutschen gerichtet. Der 5. September 1972 war ausschlaggebend für die Sicherheitsvorkehrungen bei der Weltmeisterschaft. Sowohl den Nationalmannschaften und deren Staatsoberhäuptern als auch mehreren zehntausenden Fans und Anwohnern wurde immer wieder durch Propaganda via Fernsehen, Radio und Zeitungen die Angst genommen, das Spektakel zu besuchen.

Wäre ein Attentat ausgeübt worden, hätte in einem fahrbaren Operationssaal[27] in Sekundenschnelle alles für einen lebensrettenden Eingriff vorbereitet werden können. Ein solcher Operationssaal wurde beispielsweise neben mehreren gepanzerten Wagen, die seitens Hundertschaften von Polizisten mit Maschinenpistolen bewacht wurden, bei einem Besuch des amerikanischen Außenministers Henry Kissinger[28] als zusätzliches Fahrzeug zur Verfügung gestellt. Doch selbst durch solche Maßnahmen konnte nicht immer die totale Sicherheit gewährleistet werden. So wurde ein geplanter Besuch des jugoslawischen Staatschefs Josip Broz Tito von dem verantwortlichen Sicherheitsbeauftragten als ein zu großes Risiko angesehen. Die Absage dieses Termins löste in der Bevölkerung große Unruhe aus. Sofort wurde spekuliert, ob die Rote Armee Fraktion oder die Irisch-Republikanische Armee, die vorher schon drohten, einen Raketenanschlag auf das Hamburger Stadion auszuüben oder die einen Mordanschlag auf bestimmte Nationalspieler ankündigten, erneut dahinter steckten. Da das Massaker von München das Bewusstsein für die Gefahr von Terroranschlägen veränderte, gab es nichts mehr, was nicht für möglich gehalten wurde.[29] Aus diesem Grund wurden, ähnlich den Vorbereitungen des Polizeipsychologen Georg Sieber bei den heiteren Spielen 1972, im Vorfeld bis zu 25 Szenarien, die unter anderem Anschläge von Extremisten und Geiselnahmen von Angehörigen der deutschen Nationalspieler beinhalteten, geprobt.

Jede Nationalmannschaft hatte ein eigenes Sicherheitsteam, welches das Quartier der jeweiligen Nation zu einer bewaffneten Festung machte. Aufgrund zunehmender Bombendrohungen musste die Auswahl der DDR sogar eine neue Unterkunft

---

[27] siehe: Anhang Nr. 2.
[28] *27. Mai 1923 als Heinz Alfred Kissinger in Fürth; emigrierte aufgrund des Nationalsozialismus im Alter von 15 Jahren in die USA.
[29] vgl. Fuchs, Edgar: „Ein Polizist für 40 Zuschauer aus Fußball 74" – Weltmeisterschaft. o.Ang, München, S.168.

beziehen. Von Stacheldraht und starker Bewachung der Polizei umgeben war das Berliner Schloss Glienicke, in dem die besonders gefährdete[30] Mannschaft der Chilenen untergebracht war.[31] Zudem fanden zum ersten Mal Eintrittskontrollen der Zuschauer und Journalisten statt. Dadurch sollte das Mitführen von gefährlichen Angriffsgegenständen unterbunden werden. Im Stadion selbst wurden die Zuschauertribünen mit Kameras überwacht. Während sich die sportlichen Leistungen der Nationalspieler, die Berichterstattung der Medien und die Preisgelder bis heute enorm weiterentwickelten, wurde bereits damals ein besonderes Augenmerk auf die Sicherheit gelegt. Nur zwei Jahre nach dem Olympia-Attentat durfte nichts missglücken. Deshalb waren alleine in und um die Stadien herum insgesamt bis zu 1500 Sicherheitskräfte im Einsatz. Auch heute sind es bei sportlichen Großveranstaltungen kaum mehr.[32]

Jedoch muss man hier beide Seiten der Medaille betrachten. Immer wieder kamen kritische Stimmen und Rezensionen auf.[33] Einige sprachen sogar von einer „vollsterilisierten WM [...], deren Mannschaften hinter Stacheldraht [...] und verrammelten Hoteltüren lebten".[34]

Auch bei Bewerbungen für künftige Sportveranstaltungen in Deutschland spielt immer wieder die Angst vor Terror eine große Rolle. So war es auch bei den Hamburger und Kieler Bürgern, die zunächst für eine Hamburger Olympia-Bewerbung für 2024 waren. Besonders nach den Anschlägen in Paris, die ca. zwei Wochen vor dem Referendum ausgeübt wurden, stieg die Zahl der Olympia Gegner.[35] Aufgrund der wachsenden Terrorgefahr bei großen Sportveranstaltungen kritisierten die Bürger aus dem deutschen Norden immer wieder die Sicherheitsplanungen. Wie schlecht diese seien, wurde am Beispiel „London 2012" verdeutlicht. Die Engländer hatten bei den Sommerspielen 2012 für die Sicherheit der Sportler und Besucher der Olympiade knapp 1,7 Milliarden Euro investiert. Bei den Winterspielen in Sotschi 2012 waren die Kosten für die Sicherheit sogar nochmals um knapp die Hälfte höher. Im Finanzierungskonzept der Stadt Hamburg war jedoch für den Aspekt der Sicherheit weniger als eine halbe Milliarde Euro vorgesehen. Zum Vergleich: Das ist nicht einmal ein Drittel des Budgets von London.[36]

---

[30] Chile wurde aufgrund der Militärdiktatur (1937-1990) nach dem Putsch 1973 im eigenen Land stark kritisiert.
[31] Engel, Johannes: Spiegel, Heft 24/1974 – Mit den Bayern siegen - Beckenbauer Superstar WM74 – „Fußball - ein Spiel ohne Gott?" S.20.
[32] vgl. Linnenbrügger, Matthias: WM der Gegensätze: 1974 noch „Steinzeit-Stadien", in: http://www.mopo.de/fussball-wm-der-gegensaetze--1974-noch--steinzeit-stadien--19914216, 2006 – Aufgerufen am: 14.10.2016.
[33] siehe: Meyer, Franziska, Drehbuch: Doehnert, Rodica/Illner, Michael: Küss mich, Genosse!, Fernsehfilm, 2007.
[34] fussballdaten.de: Der erhoffte Erfolg nach dramatischen Spielen, in: http://www.fussballdaten.de/wm/1974/ - Aufgerufen am: 14.10.2016.
[35] vgl. NOlympia Hamburg: Goodbye Olympia! Hello Besseres Leben!, in: http://www.nolympia-hamburg.de/goodbye-olympia-hello-besseres-leben-2/, 2015. – Aufgerufen am: 09.10.2016.
[36] vgl. May, Phillip: Sportveranstaltungen in Zeichen des Terrors, in: http://www.deutschlandfunk.de/angst-in-den-stadien-sportveranstaltungen-im-zeichen-des.724.de.html?dram:article_id=337249, 2015. – Aufgerufen am: 09.10.2016.

Die Angst vor Terror nahm nach den Anschlägen während des Boston-Marathons im Jahr 2013 stark zu. Da die Terrorgefahr seitdem nahezu einem exponentiellen Wachstum unterliegt, wurden die Bedenken der Hamburger immer größer. Wenn bereits 2012 vor der akuten „Terror-Notlage" über 1,5 Milliarden Euro in die Sicherheit investiert wurden, konnten die geplanten 0,5 Milliarden im Jahre 2024 nicht genug sein. Letztendlich war dies einer der Hauptgründe dafür, dass die ursprünglich starke Mehrheit der Befürworter einer Olympiade in Hamburg gekippt ist.[37]

2.4.2 Politische Beziehungen zwischen BRD, Israel und den arabischen Staaten
2.4.2.1 Das prekäre Verhältnis zwischen den arabischen Staaten und der BRD

In einem anonymen Schreiben, welches am 9. September 1972 in Basel aufgegeben wurde, teilte man den deutschen Behörden mit, dass es Versuche geben werde, die drei inhaftierten palästinischen Attentäter zu befreien. Dies sollte durch eine Freipressung geschehen. Maßnahmen, die in Erwägung gezogen wurden, waren das „kapern und entfuehren einer Lufthansamaschine [...]", gefolgt von der „entfuehrung eine[r] bedeutenden deutschen persoenlichkeit [...]" und das Schmuggeln von Waffen und Gift ins „krankenhaus oder gefaengnis [...], getarnt als aerzte oder pfleger [...]".[38] Zwei Monate später bestätigten sich diese Warnungen. Die bereits angespannte Beziehung zur arabischen Welt drohte komplett zu reißen.

Dies durfte sich die Bundesrepublik Deutschland aufgrund der Öl-Abhängigkeit keinesfalls erlauben.

Die Ölpreiskrise der 1970er Jahre, welche politischer und ökonomischer Motivation unterlag, sorgte in Deutschland für starke wirtschaftliche Einbrüche. Die Arbeitslosigkeit und auch die Sozialausgaben stiegen. Ebenso gingen einige Finanzinstitute bankrott.[39]

In den arabischen Staaten hingegen sorgte es bereits zu diesem Zeitpunkt für starken Unmut, dass alle Araber aus dem deutschen Flugverkehr ausgeschlossen wurden.[40] Nicht wenige Experten sind der Meinung, dass die arabischen Staaten aufgrund der Ausweisungswelle potentieller Terroristen durch die Bundesrepublik Deutschland pikiert waren. Dies soll eine Nebenrolle für die Ursachen der Ölpreiskrise gespielt haben.[41]

---

[37] vgl. Hamburg: *Olympia-Referendum – Hamburg spielt nicht mehr mit!*, in: http://www.hamburg.de/spiele-fuer-hamburg/4643778/referendum-gegen-olympia/, 2015. – Aufgerufen am: 09.10.2016.
[38] siehe: Anhang Nr. 3.
[39] siehe: Schmidt, Helmut: Phoenix TV-Sendung, in: *Bonner Republik 1949-1998*. Teil 3/6: 1969-1974 - Sozial-liberale Koalition Brandt/Scheel.
[40] vgl. Sattar, Majid: *Deutsche Geschichte(n): Folgen eines Anschlags*, in: http://www.faz.net/aktuell/politik/die-gegenwart-1/deutsche-geschichte-n-folgen-eines-anschlags-1381601.html, 2006. - Aufgerufen am: 14.10.2016.
[41] vgl. Iagniatinski, Nikita: *Attentat auf israelische Sportler bei den Olympischen Spielen in München 1972*, Die Folgen für deutsch-israelisch-arabische Beziehungen, GRIN Verlag GmbH, Norderstedt 2011, S.31.

2.4.2.2 Das vorbelastete Verhältnis zwischen Israel und den arabischen Staaten

Schon im frühen 20. Jahrhundert begannen Einwanderungswellen von osteuropäischen Juden. Bereits vor dem Zweiten Weltkrieg fühlten sich die Palästinenser von den Juden bedroht. Doch die Situation spitzte sich nach Ende des Zweiten Weltkriegs noch erheblich zu, denn jetzt kamen Juden aus dem Deutschen Reich und auch aus dem Rest Europas. Zu dieser Zeit wurden erstmals bürgerkriegsähnliche Auseinandersetzungen zwischen Juden und Arabern registriert. Am 29. November 1947 wurde ein UN-Teilungsplan verabschiedet. Auf dem palästinensischen Gebiet sollten ein jüdischer und ein arabischer Staat entstehen. Dies wurde vor allem von den Juden als ein „Wiedergutmachungs-Geschenk" für den Holocaust angesehen. Jedoch scheiterte diese Resolution. Palästinensische Milizen nahmen sofort den Kampf mit der jüdischen Bevölkerung auf. Letztendlich rief Israel am 14. Mai 1948 auf dem zuerkannten Gebiet seinen Staat aus, was dazu führte, dass die Staaten der Levante innerhalb von 24 Stunden Israel den Krieg erklärten.[42]

Dementsprechend war es nach den Ereignissen des 5. Septembers 1972 nicht verwunderlich, dass der israelische Staat „den Palästinensern das Fürchten lehren" wollte.[43] Insbesondere die damalige israelische Ministerpräsidentin Golda Meir wollte eigenmächtig „Rache für die elf Juden, die in München angetreten waren, um der Welt zu zeigen, dass die Nazis sie nicht ausgerottet hatten [...]" ausüben. Dafür wurde eine geheime israelische Einheit namens „Kommission X" ins Leben gerufen. Der Eliminierungs-Auftrag wurde „Zorn Gottes"[44] getauft. Militärgeneral Aharon Yariv und seine fünfzehnköpfige Truppe um Mossad-Chef Tzvi Zamir beriefen sich auf den biblischen Text Exodus 21,23–25: „Auge um Auge, Zahn um Zahn".[45] Für den geplanten Einsatz wurden von der israelischen Regierung unbegrenzte finanzielle Mittel, spezielle Waffen und gefälschte Pässe zur Verfügung gestellt.[46]

Die „Wut Gottes" wurde schnell ausgeweitet, da die geplante Tötung der drei überlebenden Attentäter den Israelis nicht ausreichte. Es sollten auch noch die Drahtzieher und Ideengeber des Attentats, beziehungsweise der Terrororganisation „Schwarzer September" ermordet werden. So unterzeichnete Meir eine Todesliste mit 35 Namen. Die ersten Anschläge trafen die in Europa ansässigen Araber, da diese leichter auszumachen waren. Jedoch wollte die Kommission X nicht nur Rache üben, sondern gleichzeitig auch den Mitgliedern der palästinensischen

---

[42] vgl. Was ist Was: *Warum sich Juden und Araber bekriegen*, in: http://www.wasistwas.de/archiv-geschichte-details/warum-sich-juden-und-araber-bekriegen.html, o.Ang. - Aufgerufen am: 20.10.2016.
[43] Palme, Luis/ Saur, Karl-Otto (Hrsg.): *5.9.1972 Das Olympia-Attentat von München. Tage, die die Welt veränderten.* Weltbild, Augsburg 2005, S. 79.
[44] in der Literatur auch unter „Wut Gottes" zu finden.
[45] Palme, Luis/ Saur, Karl-Otto (Hrsg.): *5.9.1972 Das Olympia-Attentat von München. Tage, die die Welt veränderten.* Weltbild, Augsburg 2005, S. 79.
[46] a.a.O.

Befreiungsorganisation „PLO" zeigen, dass der israelische Geheimdienst im Stande sei, jeden und überall zu töten.

Der Mossad bewies immer wieder, wie kompromisslos er bei terroristischen Handlungen agiert. Das kann man am Beispiel der Befreiung von Entebbe, vier Jahre nach dem Olympia-Attentat, sehen. Zwei Palästinenser entführten zusammen mit zwei deutschen Terrororganisationsmitgliedern einen Airbus der Air France und forderten die Freilassung von mehr als 50 Häftlingen aus Gefängnissen der BRD, Schweiz, Frankreich und Israel. Als die Maschine im ugandischen Entebbe landete, führte der israelische Geheimdienst eine Befreiungsaktion in der über 3.200 Kilometer von Israel entfernten Stadt durch. Obwohl die meisten Experten einen solchen Akt für unmöglich hielten, setzte der Geheimdienst der Entführung ein blutiges Ende. Von den geforderten Gefangenen kam kein Einziger frei.

Den drei überlebenden Geiselnehmern des Olympia-Attentats 1972 wurde besonders viel Aufmerksamkeit gewidmet. Adnan Al-Gashey und Mohammed Safady verweilten im sicheren Libanon. Denn dort hatte der israelische Geheimdienst keine Agenten. Doch kaum jemand kann sich für immer verstecken. Adnan Al-Gashey suchte sich aufgrund finanzieller Not in Dubai Arbeit. Keine zwei Tage nach seiner Ankunft wurde er umgebracht. Daraufhin konnte die Fährte von Adnan Al-Gashey zurückverfolgt werden und Mohammed Safady wurde im Libanon aufgespürt. Auch er wurde getötet.[47] Der letzte noch überlebende Attentäter Jamal Al-Gashey gründete in Libyen eine Familie und lebt jetzt an einem geheimen Ort. Er wird weiterhin vom israelischen Geheimdienst Mossad gejagt. Immer wieder gab er einigen Regisseuren Interviews für Filme oder Dokumentationen über den 5. September 1972. Darauf wird in „3. Die künstlerische Rezeption des Attentats" noch einmal näher eingegangen.

Letztendlich bleibt zu sagen, dass das bereits vorbelastete Verhältnis zwischen Israel und den arabischen Staaten weiter angespannt wurde. Diese Spannungen sind, trotz zahlreicher Vermittlungsversuche[48] und Friedensangebote seitens Israel, bis heute nicht endgültig ausgeräumt.

2.4.2.3 Das schwierige Verhältnis zwischen der BRD und Israel

Israel suggerierte nach der „Freipressung" der drei überlebenden Attentäter wenige Wochen nach dem Attentat, dass die Freilassung dieser „eine Strategie der politischen Führung der Bundesrepublik Deutschland [gewesen sei], um sich der Verantwortung zu entledigen". Israels Präsidentin Golda Meir konnte dieses Vorgehen kaum fassen.

---

[47] vgl. Palme, Luis/ Saur, Karl-Otto (Hrsg.): *5.9.1972 Das Olympia-Attentat von München*. Tage, die die Welt veränderten. Weltbild, Augsburg 2005, S. 80.
[48] vgl. Was ist Was: *Warum sich Juden und Araber bekriegen*, in: http://www.wasistwas.de/archiv-geschichte-details/warum-sich-juden-und-araber-bekriegen.html, o.Ang. - Aufgerufen am: 20.10.2016.

In ihren Memoiren schreibt sie, dass sie dachte, jeder, außer der israelische Staat, beuge sich gegenüber den Terroristen.[49]

Dass das Verhältnis zwischen den Israelis und der BRD litt, ist auch anhand der Kommentare israelischer Zeitungen zu erkennen. Während über die Eröffnung der Olympischen Spiele am 26. August 1972 noch von „extreme[r] Wärme" und einem „Symbol für die historische Wandlung" berichtet wurde, titelten diese nach dem Attentat, dass ihre Mannschaft nur nach München angereist sei, weil sie davon ausging, dass die Bundesrepublik Deutschland ebenso für die israelische, wie für die Sicherheit aller anderen Teilnehmer sorge. Kritisiert wurde, dass diese Erwartung nicht erfüllt worden sei und die „Verantwortung dafür [...] bei den westdeutschen Behörden"[50] liege.

Bereits 1971 wurde dem deutschen Außenminister Walter Scheel mitgeteilt, dass Israel keine Normalisierung der Verhältnisse anstrebe. „Es wird niemals ein Vergessen des Holocausts geben", erklärte Golda Meir, nachdem sie von einer bis dahin „galoppierenden Normalisierung" sprach. Nach dem Attentat der Terrorgruppe „Schwarzer September" änderte sich der Anschein einer Akklimatisierung der Verhältnisse ruckartig. Die Beziehung erreichte einen absoluten Tiefpunkt. Dieser wird durch Tzvi Zamirs Zitat verdeutlicht: „Mit größter Effizienz haben die Deutschen sechs Millionen von uns umgebracht. Wir haben gedacht, das haben die Deutschen im Griff, als die Terroristen zuschlugen. Wenn sie was machen, machen die Deutschen es richtig, haben wir gedacht. Und dann so was. Unglaublich".[51] Auch Nazi-Vorwürfe konnte man heraushören: „Diejenigen, die dachten, das neue Deutschland würde von neuen Deutschen bevölkert sein, müssen sehr enttäuscht sein. Ich habe die gesamte deutsche Hierarchie beobachtet, vom Kanzler runterwärts [...]. Ich habe größte Zweifel, dass das Deutschland von 1972 anders ist als das Nazi-Deutschland", so Zamir. Außerdem wurden immer wieder bestimmte Slogans, wie „Nazi-Hauptstadt" oder „braunes München", mit dem Ausrichtungsort der heiteren Spiele in Verbindung gebracht.[52]

Die Spannungen wurden auch an zahlreichen weiteren Beispielen deutlich, so auch an der bereits erwähnten Flugzeug-Entführung vom 29. Oktober 1972, bei dem die deutsche Regierung die drei überlebenden Terroristen in Zagreb gegen die Lufthansa-Maschine austauschte. Laut Willy Brandt war dies die einzige „Möglichkeit [...], um erneutes sinnloses Blutvergießen zu vermeiden".[53] Die Israelis ließen hingegen nicht von ihrem Vorwurf einer vorgetäuschten Flugzeugentführung ab.

---

[49] Palme, Luis/ Saur, Karl-Otto (Hrsg.): *5.9.1972 Das Olympia-Attentat von München*. Tage, die die Welt veränderten. Weltbild, Augsburg 2005, S. 79.
[50] Palme, Luis/ Saur, Karl-Otto (Hrsg.): *5.9.1972 Das Olympia-Attentat von München*. Tage, die die Welt veränderten. Weltbild, Augsburg 2005, S. 29.
[51] Palme, Luis/ Saur, Karl-Otto (Hrsg.): *5.9.1972 Das Olympia-Attentat von München*. Tage, die die Welt veränderten. Weltbild, Augsburg 2005, S. 70.
[52] a.a.O.
[53] Palme, Luis/ Saur, Karl-Otto (Hrsg.): *5.9.1972 Das Olympia-Attentat von München*. Tage, die die Welt veränderten. Weltbild, Augsburg 2005, S. 71.

Schreiber kritisierte das Verhalten Israels: Er habe bereits gewusst, dass die Olympia-Geiseln praktisch tot seien, als Israel unter Golda Meir die Forderung der Terroristen ablehnte.[54] Auch Bruno Merk konnte die Kritik von israelischer Seite an den deutschen Behörden nicht verstehen: „Das Sicherheitskonzept war mit den teilnehmenden Nationen abgestimmt. Besonders intensiv mit den Israelis. Alle Forderungen waren erfüllt […]". „Leider hat die israelische Mannschaft die zu ihrer Sicherheit getroffenen Regelungen nicht beachtet. Dazu gehörte auch, die Türen stets verschlossen zu halten. In der Nacht vom 4. auf den 5. September waren wohl die meisten zu einer Veranstaltung in der Stadt ausgegangen. Sie kamen in zeitlichen Abständen zurück und haben darauf verzichtet, die Türen zu schließen. Das kann man nicht der Polizei anlasten".[55]

In den Folgejahren verbesserte sich das schwierige Verhältnis nur sehr langsam. Erst im Jahr 2000 trat mit Johannes Rau zum ersten Mal ein deutscher Bundespräsident vor das israelische Parlament. Er bekannte die Schuld seines Landes und bat um Vergebung. Jedoch verweigerten viele israelische Abgeordnete ihre Anwesenheit, da sie es nicht ertragen konnten, „die Sprache der Mörder" vor der Knesset[56] zu hören. Ebenso verweigerten viele Abgeordnete, trotz hebräischer Redeeinleitung, ihr Dasein, als Horst Köhler 2005 vor der Knesset beteuerte, mit allen Mitteln gegen den Rechtsextremismus zu kämpfen.

Zwischen Deutschland und Israel wird es wahrscheinlich niemals so etwas geben, was man Normalität nennen kann. Mit dem heutigen Deutschland strebt Israel jedoch eine weitere Intensivierung der freundschaftlichen Beziehung an.

2.4.3 Innen- und Sicherheitspolitik der Bundesrepublik Deutschland
2.4.3.1 Die Abschiebung potentieller Terroristen

Dass ein Ereignis wie das Olympia-Attentat Folgen für die Sicherheit innerhalb des betreffenden Landes haben muss, liegt auf der Hand. In einer Ressortbesprechung vom 6. September 1972 unter Vorsitz des deutschen Staatssekretärs Dr. Rutschke wurden die Maßnahmen der Bundesregierung zur „Abwehr und Verhütung weiterer terroristischer Anschläge palästinensischer Organisationen" besprochen.[57]

Alle bestehenden rechtlichen Grundlagen sollten ausgeschöpft werden, um arabische Ausländer aus dem Gebiet der BRD zu „entfernen"[58]. Ebenfalls wurden Araber mit ungeklärtem Rechtstatus nicht mehr geduldet. Dies führte zwar zur Beruhigung aufgebrachter deutscher Bürger, stellte sich jedoch, aufgrund reger Proteste von

---

[54] vgl. Lorenz, Peter: *5.9.1972: Attentat überschattet Olympiade*, in:
http://www.kalenderblatt.de/index.php?what=thmanu&manu_id=1800&tag=5&monat=9&weekd=&weekdnum=&year=2016&dayisset=1&lang=de, o.Ang. – Aufgerufen am: 05.10.2016.
[55] a.a.O.
[56] hebräisch: „Versammlung" - Sie ist das Einkammerparlament des Staates Israel.
[57] siehe: Anhang Nr. 4.
[58] a.a.O.

Arabern im In- und Ausland, zunehmend als Problem heraus. In den Augen vieler Araber schienen die Behörden die Ausweisungen nicht unter Kontrolle zu haben; die Abschiebungen seien überhastet und unprofessionell durchgeführt worden. Obwohl die Zuständigen auf der Besprechung zwischen den Regierungschefs von Bund und Ländern am 6. Oktober 1972 dazu verordnet wurden, die Ausweisungen gerichtssicher durchzuführen, kam es zu rechtlichen Schwierigkeiten, da die arabischen Staaten ihre Ausgewanderten nicht zurück haben wollten und dementsprechend deren Staatsangehörigkeit anzweifelten. Die Abgeschobenen wurden zu Staatslosen. Es war zwar juristisch möglich, die Heimatlosen in Drittstaaten abzuschieben. Aber ein solches Vorgehen sorgte für politische Spannungen, da auch jene Drittstaaten die Ausgewiesenen nicht aufnehmen wollten, diese aber aufgrund des geltenden Asylgesetzes aufnehmen mussten. Genscher entgegnete nach den Vorwürfen im bekanntesten Fall „Abdallah Al-Frangi", bei dem der PLO-Vertreter nach Algerien ausgeflogen wurde, dass der Rechtsstaatlichkeit voll genüge getan werde.[59]

Der ägyptische Botschafter hingegen beklagte, dass die Abschiebungen so schnell von statten gingen, dass der „übliche konsularische Schutz der Botschaften nicht wahrgenommen werden könne".[60]

Das Auswärtige Amt sprach von „Ausweisungen [...], die in humanitärer Sicht zu unerfreulichen Konsequenzen geführt" haben. Es gab Fälle, bei denen deutsche Ehefrauen und Kinder zurückblieben oder Fälle, bei denen betroffene Araber kurz vor Abschluss eines Studiums oder einer Berufsausbildung standen.[61]

Vor allem hieran kann man erkennen, dass der Handlungszwang federführend für die eingeleiteten Maßnahmen war und Nachhaltigkeit in der Terrorismus-Bekämpfung vorerst nur eine Nebenrolle spielte.

2.4.3.2 Verschärfte Kontrollen

Ebenfalls in der Ressortbesprechung vom 6. September 1972 beschlossen wurde, dass die Sicherheitskontrollen innerhalb der Bundesrepublik maßgebend verschärft werden. Das Bundesamt für Verfassungsschutz arbeitete hierfür eng mit den Sicherheitsbeauftragten der Länder zusammen und stellte beispielsweise Unterlagen zur Verfügung, aus denen erkenntlich war, wer im Verdacht stehe, die palästinensische Befreiungsorganisation PLO zu unterstützen oder mit ihr sympathisiere.[62]

---

[59] vgl. Dahlke, Matthias: *Demokratischer Staat und transnationaler Terrorismus.* Oldenbourg Verlag, München 2011, S.96.
[60] Dahlke, Matthias: *Demokratischer Staat und transnationaler Terrorismus.* Oldenbourg Verlag, München 2011, S.97.
[61] a.a.O.
[62] siehe: Anhang Nr. 4.

Als Folge des Attentats werden auch die Passagier-Kontrollen in der heutigen Form an Flughäfen gesehen. Nachdem die Flughäfen vorerst nur angehalten waren, Kontrollen durchzuführen, wurde letztendlich das Gesetz der Zivilluftfahrt erlassen. Dieses besagt, dass die Kontrolle von Passagieren und Gepäck von den Ländern durchgeführt werden muss. Um hohe Standards zu gewährleisten, dürfen die Kontrollen nicht an private Unternehmen ausgegliedert werden. Damit wird auch Preiswettkämpfen vorgebeugt.

Die 1972 eingeführten Grenzkontrollen fanden innerhalb der Bevölkerung anlässlich der öffentlichen Ausländerdebatte Zustimmung. Jedoch behaupteten Araber teilweise, dass diese Einreisemaßnahmen häufig rassistische Diskriminierungen beinhalteten. Am 14. Januar 1985 wurden diese Grenzkontrollen aufgrund des Schengener Abkommens wieder abgeschafft.

2.4.3.3 Die Gründung der GSG 9

Genscher ordnete am 26. September 1972 an, eine Polizei-Einheit aufzubauen, die in Zukunft mit allen Mitteln Ereignisse wie das Olympia-Attentat wirkungsvoll bekämpfen sollte. Er beauftragte den Oberstleutnant des Bundesgrenzschutzes Ulrich Wegener eine Spezialeinheit aufzustellen. Die Grenzschutzgruppe 9 (GSG 9) wurde errichtet. Sie war eine Einheit zur Rettung von Menschenleben in Fällen schwerster Gewaltkriminalität.[63] Kurzgesagt war sie die erste reine Anti-Terror-Einheit der Welt und sie war deutlich besser ausgebildet, als die gewöhnlichen Einsatzkräfte. Bereits ein halbes Jahr später meldete Wegener die Einsatzbereitschaft zweier Einheiten der Grenzschutzgruppe 9.[64] Diese Bezeichnung wurde auch während der Umorganisationen des Bundesgrenzschutzes, während der Auflösung aller Grenzschutzgruppen 1981 und bei der Umformatierung der Grenzschutzkommandos zu den Grenzschutzpräsidien 1993 beibehalten. Auch als der Bundesgrenzschutz in Bundespolizei umbenannt wurde, wurde die Abkürzung wegen ihrer Bekanntheit beibehalten. Man fügte nur den Zusatz „der Bundespolizei" hinzu.

Neben der Gründung der GSG 9 wurden auch die heutigen Spezialeinsatzkommandos (SEK) und Mobilen Einsatzkommandos (MEK) der Bundesländer in Leben gerufen. Diese Entscheidung erging jedoch nicht durch Genscher, sondern durch die Konferenzen der Innenminister und -senatoren.

Der erste große Einsatz der GSG 9 fand am 13. Oktober 1977 statt. Es war die Operation „Zauberfeuer", bei der die neu gegründete Einheit eine, von vier palästinensischen Terroristen entführte, Lufthansamaschine auf dem Flughafen von Mogadischu, Somalia, befreite. Nachdem dieser Einsatz, im Gegensatz zu der misslungenen Befreiungsaktion in München vier Jahre zuvor, souverän gelöst wurde,

---

[63] vgl. SEK-Einsatz: *Die GSG 9 der Bundespolizei*, in: http://sek-einsatz.de/spezialeinheiten/die-gsg-9-der-bundespolizei/2262, 2009. - Aufgerufen am: 27.10.2016.
[64] a.a.O.

indem die GSG 9 innerhalb von sieben Minuten das Flugzeug stürmte, die Entführer überwältigte und die Geiseln nahezu unverletzt blieben, wurde Ulrich Wegener und seine Truppe von den Deutschen gefeiert. Jedoch war dieser Einsatz gar nicht so einfach, wie es den Anschein hatte. Ein israelischer Amateurfunker empfing ein Signal aus einem der deutschen Flugzeuge, die auf dem Weg nach Somalia waren, und berichtete einem Journalisten davon. Die Nachricht verbreitete sich wie ein Lauffeuer, so dass auch die Redaktion der deutschen Tageszeitung „Die Welt" schnell davon hörte. Diese formulierte sofort eine Schlagzeile über die geplante Befreiungsaktion.

Als Bundeskanzler Helmut Schmidt davon erfuhr, befürchtete er, dass die gesamte Aktion dadurch gefährdet sei. Er rief umgehend den Chefredakteur der „Welt" an und forderte unmissverständlich den Druck der Ausgabe zu stoppen und den Artikel herauszunehmen. Dies soll das einzige Mal gewesen sein, dass Schmidt in seiner Amtszeit Zensur ausgeübt hat.[65]

Seit Bestehen der „GSG 9 der Bundespolizei" hat die Anti-Terror-Einheit mittlerweile an über 1300 Einsätzen teilgenommen. Offiziell wurde nur an vier von diesen Gebrauch von Schutzwaffen gemacht.

3. Künstlerische Rezeption des Attentats

Als 1976 der Fernsehfilm unter dem Titel „21 Hours at Munich" ausgestrahlt wurde, hagelte es Kritik. In dem amerikanischen Film wurde den Kritikern zufolge die Realität verharmlost, um die Ereignisse des Olympia-Attentats in einem Action-Film zu verarbeiten. Es gibt jedoch auch einen von Kritikern anerkannten Film, welcher die Geschichte des israelischen Geheimtrupps „Kommando X" erzählt. Er wurde 1986 unter dem Namen „Sword of Gideon" ausgestrahlt.

Erst 27 Jahre nach dem verübten Attentat erschien eine Dokumentation unter dem Namen „Ein Tag im September", die sich ernsthaft mit den sachlichen Geschehnissen des Attentats beschäftigte. Nach dem 11. September 2001 rückte der Film aufgrund der Aktualität des Terrors in den Fokus der Welt. Für diesen Dokumentarfilm erzählt der einzig überlebende Terrorist des Olympia-Attentats Jamal Al-Gashey erstmals vor laufender Kamera die Geiselnahme aus seiner Sicht: „Ich bin stolz auf das, was ich in München getan habe, denn ich habe den Palästinensern sehr stark geholfen [...]. Vor München hatte die Welt keine Ahnung von unseren Problemen, aber an diesem Tag wurde der palästinensische Name überall auf der Welt wiederholt".[66] Er sagte ebenfalls, dass er sein Leben bisher mit dem Verstecken in Nord-Afrika verbracht habe, verheiratet sei und zwei Kinder habe.[67] In dem Film von Arthur Cohn, der 2003

---

[65] vgl. Palme, Luis/ Saur, Karl-Otto (Hrsg.): *5.9.1972 Das Olympia-Attentat von München*. Tage, die die Welt veränderten. Weltbild, Augsburg 2005, S. 83.
[66] Cohn, Kevin/ Macdonald, Kevin: *One Day in September*, BBC Films Dokumentationsfilm, Vereinigtes Königreich 1999.
[67] a.a.O.

den Oscar in der Kategorie ‚Bester Dokumentarfilm' gewann, kommen außerdem Anike Spitzer, die Witwe des israelischen Fechttrainers, General Ulrich Wegener, Hans-Dietrich Genscher und Manfred Schreiber zu Wort. Tzvi Zamir bestätigte darin noch einmal, dass sein Wunsch, den israelischen Geheimdienst einfliegen zu lassen, von den deutschen Behörden, insbesondere vom bayerischen Innenminister Bruno Merk, abgelehnt worden sei.[68]

Während der Oscar-Verleihung 2003 kam Steven Spielberg auf die Idee, einen neuen Spielfilm über München 1972 zu drehen. Er nahm unter dem vorläufigen Projekttitel „Vengeance" Ben Kingsley, Eric Bana und Daniel Craig unter Vertrag. Dieser Film sollte nicht dieselbe schlechte Kritik wie sein Vorgänger 1976 erhalten. Aus diesem Grund musste für den, bis heute erfolgreichsten, Regisseur und Produzenten alles perfekt werden. Der erste Drehbuchautor Eric Roth, bekannt für den sechsfachen Oscar-Gewinner 'Forrest Gump', wurde durch Charles Randolph ersetzt. Als der Drehbeginn immer näher rückte, war Spielberg mit dem Drehbuch jedoch nicht mehr zufrieden; er heuerte einen dritten Drehbuchautor, Tony Kushner[69], an. Dieser schrieb das endgültige Drehbuch für den Film „München", der ein großer Erfolg wurde.

Doch nicht nur die Amerikaner arbeiteten das Attentat auf. Der österreichische Journalist Edmund Wolf beschäftigte sich in seinem Film „LH 615 - Operation München" von 1978 vor allem mit der Freipressung der überlebenden Attentäter und dem Fehlverhalten der deutschen Behörden. Auch sein Film war nach der Ausstrahlung ein großer Erfolg. Viele Kritiker schlossen sich den erhobenen Vorwürfen an und unterstellten den deutschen Behörden erneut das totale Versagen. Für nicht wenige war das eine Bloßstellung. Der Film war dementsprechend auch nicht lange für die Öffentlichkeit verfügbar und ist bis heute spurlos aus allen Archiven verschwunden.[70]

Dennoch sind die schrecklichen Bilder des 5. Septembers 1972 in den Köpfen aller Beteiligten geblieben.

---

[68] vgl. Palme, Luis/ Saur, Karl-Otto (Hrsg.): *5.9.1972 Das Olympia-Attentat von München,* Tage die die Welt veränderten. Weltbild, Augsburg 2005, S. 93.
[69] *16. Juli 1956 in Manhattan – berühmt geworden durch sein preisgekröntes Theaterstück: *Angels in America,* welches sich mit den Folgen der McCarthy-Ära in den USA auseinander setzt.
[70] vgl. Palme, Luis/ Saur, Karl-Otto (Hrsg.): *5.9.1972 Das Olympia-Attentat von München,* Tage die die Welt veränderten. Weltbild, Augsburg 2005, S. 93.

4. Literaturverzeichnis

Bohr, Felix/ Frohn, Axel: Spiegel, Heft 30/2012 – Geheimakte Olympia – „Wie der Staat sein Versagen vertuschte".

Cohn, Kevin/ Macdonald, Kevin: *One Day in September*, BBC Films Dokumentationsfilm, Vereinigtes Königreich 1999.

Dahlke, Matthias: *Demokratischer Staat und transnationaler Terrorismus*. Oldenbourg Verlag, München 2011.

Dehnhardt, Sebastian/ Oldenburg, Manfred/ Weidenbach, Uli: *Der Olympia Mord*, ZDF Medienprojekte-Entwicklungsgesellschaft mbH & Co. KG, Dokumentation, Deutschland 2006.

Engel, Johannes: Spiegel, Heft 24/1974 – Mit den Bayern siegen - Beckenbauer Superstar WM74 – „Fußball - ein Spiel ohne Gott?".

Fuchs, Edgar: *Ein Polizist für 40 Zuschauer* aus *Fußball 74 – Weltmeisterschaft*. o.Ang, München.

fussballdaten.de: Der erhoffte Erfolg nach dramatischen Spielen, in: http://www.fussballdaten.de/wm/1974/ - Aufgerufen am: 14.10.2016.

Guyton, Patrick: „Es macht einsam ein Überlebender zu sein", in: http://www.zeit.de/sport/2012-09/muenchen72-geiselnahme-ueberlebender-hershkovitz/komplettansicht, 2012. - Aufgerufen am: 17.10.2016.

Hamburg: Olympia-Referendum – Hamburg spielt nicht mehr mit!, in: http://www.hamburg.de/spiele-fuer-hamburg/4643778/referendum-gegen-olympia/, 2015 – Aufgerufen am: 09.10.2016.

Iagniatinski, Nikita: *Attentat auf israelische Sportler bei den Olympischen Spielen in München 1972, Die Folgen für deutsch-israelisch-arabische Beziehungen*, GRIN Verlag GmbH, Norderstedt 2011.

Kellerhof, Sven Felix: Das Protokoll einer Katastrophe, in: http://www.welt.de/politik/deutschland/article108480206/Muenchen-1972-das-Protokoll-einer-Katastrophe.html, 2012 - Stand: 19.04.16 – Aufgerufen am 27.08.2016.

Lorenz, Peter: *5.9.1972: Attentat überschattet Olympiade*, in: http://www.kalenderblatt.de/index.php?what=thmanu&manu_id=1800&tag=5&monat=9&weekd=&weekdnum=&year=2016&dayisset=1&lang=de – Aufgerufen am: 05.10.2016.

Linnenbrügger, Matthias: WM der Gegensätze: 1974 noch „Steinzeit-Stadien", in: http://www.mopo.de/fussball-wm-der-gegensaetze--1974-noch--steinzeit-stadien--19914216, 2006 – Aufgerufen am: 14.10.2016.

May, Phillip: Sportveranstaltungen in Zeichen des Terrors, in:
http://www.deutschlandfunk.de/angst-in-den-stadien-sportveranstaltungen-im-
zeichen-des.724.de.html?dram:article_id=337249, 2015. – Aufgerufen am:
09.10.2016.

Meyer, Franziska, Drehbuch: Doehnert, Rodica/Illner, Michael: *Küss mich, Genosse!*,
Fernsehfilm, 2007.

NOlympia Hamburg: Goodbye Olympia! Hello Besseres Leben!, in:
http://www.nolympia-hamburg.de/goodbye-olympia-hello-besseres-leben-2/, 2015 –
Aufgerufen am: 09.10.2016.

Palme, Luis/ Saur, Karl-Otto (Hrsg.): *5.9.1972 Das Olympia-Attentat von München.*
Tage, die die Welt veränderten. Weltbild, Augsburg 2005.

Sattar, Majid: *„Deutsche Geschichte(n): Folgen eines Anschlags"*, in:
http://www.faz.net/aktuell/politik/die-gegenwart-1/deutsche-geschichte-n-folgen-
eines-anschlags-1381601.html - Aufgerufen am: 14.10.2016.

Schmidt, Helmut: Phoenix TV-Sendung, in: Bonner Republik 1949-1998. Teil 3/6:
1969-1974 - Sozial-liberale Koalition Brandt/Scheel.

SEK-Einsatz: Die GSG 9 der Bundespolizei, in:
http://sek-einsatz.de/spezialeinheiten/die-gsg-9-der-bundespolizei/2262, 2009. -
Aufgerufen am: 27.10.2016.

Sport-Informations-Dienst: Bombendrohung gegen Hotel der DFB-Elf in Paris, in:
http://www.spiegel.de/sport/fussball/deutsche-nationalmannschaft-bombendrohung-
vor-testspiel-in-paris-a-1062664.html, 2015 - Aufgerufen am: 02.09.1016.

Was ist Was: Warum sich Juden und Araber bekriegen, in:
http://www.wasistwas.de/archiv-geschichte-details/warum-sich-juden-und-araber-
bekriegen.html - Aufgerufen am: 20.10.2016.

YouTube Videos:

https://www.youtube.com/watch?v=zyWBn-hMbV8 – Aufgerufen am: 29.08.2016.
https://www.youtube.com/watch?v=Q25DkvhSoEs – Aufgerufen am: 29.08.2016.

Bildquellen:

https://www.bundesarchiv.de/oeffentlichkeitsarbeit/bilder_dokumente/03626/index-0.html. -
Aufgerufen am: 27.10.2016.

https://upload.wikimedia.org/wikipedia/commons/7/7a/Bundesarchiv_B_145_Bild-F004445-
0001,_Heidelberg,_fahrbarer_OP_der_Chirurg._Klinik.jpg - Aufgerufen am: 27.10.2016.

http://www.br.de/themen/sport/inhalt/olympia/olympia-doku102~_v-img__16__9__m_-
4423061158a17f4152aef84861ed0243214ae6e7.jpg?version=1def4 – Aufgerufen am:
15.09.2016. (vgl. S.7)

Pressefotos Mühlberger (vgl. S.10)

5. Anhang

```
                                                      38699 - 18 83

B M J                            Bonn, den 7. September 1972
- 4043 E - 26 359/72 -           Hausruf: 3 18
                                 R.


Referat:        II B 3
Referent:       MR Götz
                i.V. RDn Köller


Betr.: Anschlag einer arabischen Terroristengruppe auf
       Angehörige der israelischen Olympiamannschaft
       am 5. September 1972 im Olympiadorf in München;
       hier: Auslieferung nach Israel

Bezug: Telefonischer Auftrag von Herrn AL II am
       6. September 1972



1.)    V e r m e r k :

       I. Sachverhalt

          Am 5. September 1972 drangen acht Mitglieder einer
          arabischen Terroristengruppe in die Unterkunft der
          israelischen Olympiamannschaft ein, töteten zwei
          Israelis und brachten neun weitere in ihre Gewalt.
          Die Terroristen stellten die Forderung an die is-
          raelische Regierung, sie solle - etwa 200 - in
          Israel inhaftierte Araber freilassen, anderenfalls
          würden die neun in ihrer Gewalt befindlichen
          Israelis als Geiseln erschossen.  Darüber hinaus
          verlangten die Terroristen, mit ihren Geiseln an
          einen von ihnen noch zu bestimmenden Ort geflogen
          zu werden.  Die deutschen Behörden gingen zum
          Schein auf die letztere Forderung ein und brachten
          die Terroristen mit den Geiseln zum Militärflug-
          platz Fürstenfeldbruck.  Bei einer Befreiungsaktion
          auf dem Flughafen kamen alle Geiseln, ein deutscher
          Polizeibeamter sowie fünf Terroristen ums Leben.


                         - 2 -
```

Anhang Nr. 1: Der Sachverhalt des Olympia-Attentats[71]

---

[71] Bildquelle: https://www.bundesarchiv.de/oeffentlichkeitsarbeit/bilder_dokumente/03626/index-0.html.de -
Bild 6. Aufgerufen am: 27.10.2016

Anhang Nr. 2: Ein fahrbarer Operationssaal der BRD[72]

Anhang Nr. 3: Anonymes Schreiben mit denkbaren Befreiungsmaßnahmen[73]

---

[72] Bildquelle: https://upload.wikimedia.org/wikipedia/commons/7/7a/Bundesarchiv_B_145_Bild-F004445-0001,_Heidelberg,_fahrbarer_OP_der_Chirurg._Klinik.jpg - Aufgerufen am: 27.10.2016
[73] Bildquelle: https://www.bundesarchiv.de/oeffentlichkeitsarbeit/bilder_dokumente/03626/index-0.html.de - Bild 11 - Aufgerufen am: 27.10.2016

Auf Einladung des BMI (MD Smoydzin) fand am 6. September
1972 eine Ressortbesprechung unter Vorsitz von Staats-
sekretär Dr. Rutschke im Lagezentrum des BMI statt,,
an der für das BMJ RD Dr. Möller und der unterzeichnende
Referent teilgenommen haben. Die Besprechung hatte das
Ziel, die aus Anlaß der Münchener Terrorakte erforder-
lichen mittelfristigen Maßnahmen der Bundesregierung zur
Abwehr und Verhütung weiterer terroristischer Anschläge
palästinensischer Organisationen vorzubereiten. Nach
ausführlicher Darstellung der Sachlage und eingehender
Erörterung der Rechtslage wurde Übereinstimmung in folgenden Punkten bezüglich des weiteren Vorgehens erzielt:

1. Die Sicherheitskontrollen gegen arabische Ausländer
   auf deutschem Boden werden verschärft; insbesondere
   gilt das für die Grenzkontrollen. Das Bundesamt für
   Verfassungsschutz wird mit den Sicherheitsbehörden
   der Länder eng zusammenarbeiten und insbesondere die
   vorliegenden Unterlagen über Palästinenser nutzbar
   machen, die in Verdacht stehen, die palästinensischen
   Organisationen zur Befreiung Palästinas zu unterstützen oder mit ihnen zu sympathisieren.

2. Es sollen alle bestehenden rechtlichen Grundlagen
   voll ausgeschöpft werden, um Ausländer aus arabischen
   Ländern aus dem Gebiet der BRD zu entfernen, deren
   Persönlichkeit oder Verhalten Anhaltspunkte dafür
   erkennen läßt, daß sie weitere Terrormaßnahmen be-
   gehen, unterstützen oder auf irgendeine andere Weise
   fördern. Dabei soll differenziert vorgegangen werden:

   a) alle Ausländer aus arabischen Ländern, die sich
      illegal auf deutschem Gebiet aufhalten,werden unter
      strenger Anwendung der Ausweisungsvorschriften (§
      6 und § 10 Ausländergesetz) unverzüglich aus der
      Bundesrepublik ausgewiesen,

- 3 -

Anhang Nr. 4: Ergebnisse der Ressortbesprechung vom 6. September 1972[74]

[74] Bildquelle: https://www.bundesarchiv.de/oeffentlichkeitsarbeit/bilder_dokumente/03626/index-0.html.de - Bild 10 - Aufgerufen am: 27.10.2016

Lightning Source UK Ltd.
Milton Keynes UK
UKHW010858070223
416609UK00007B/1921